국어나라 체언도시 익힘책

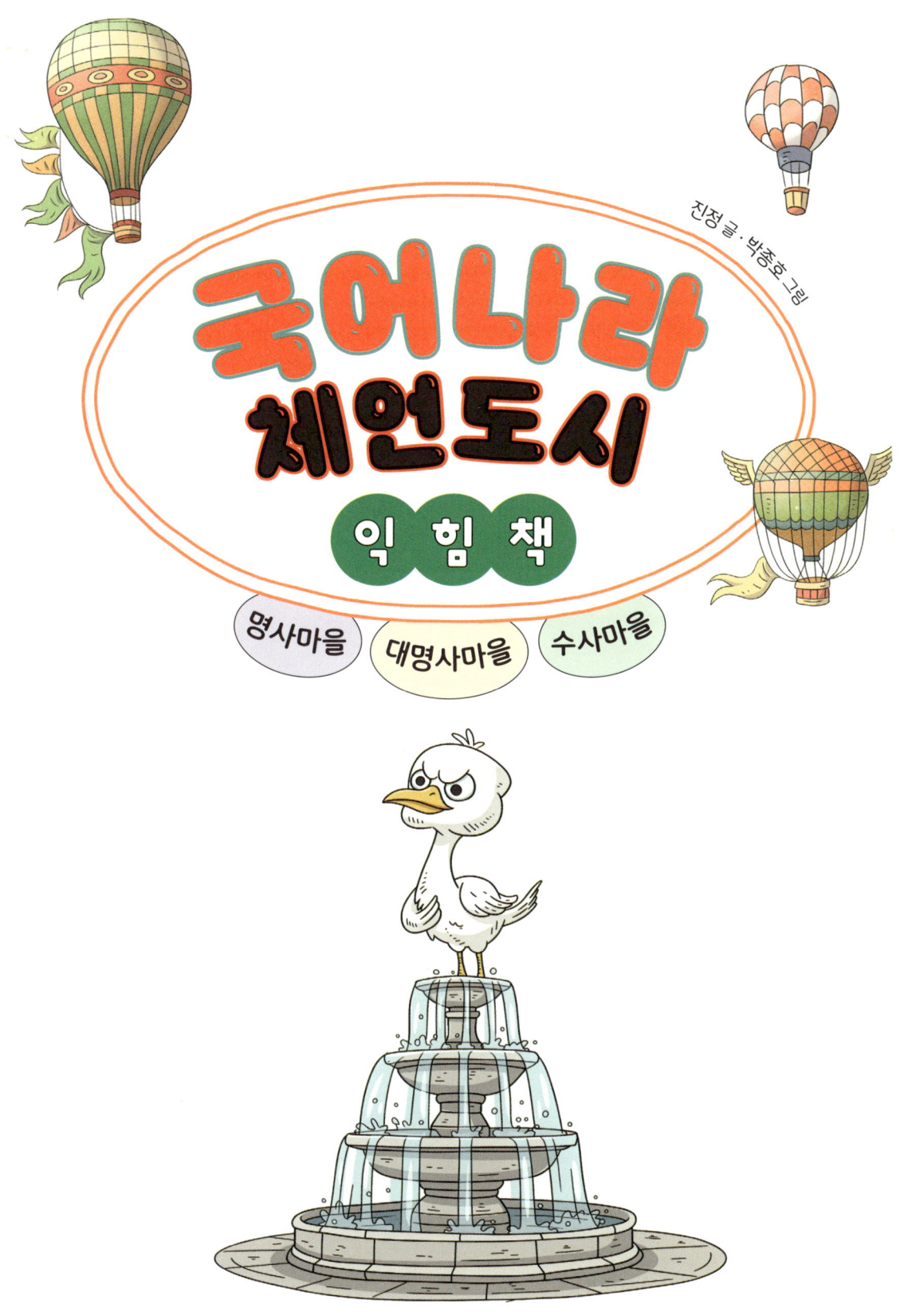

《국어나라 체언도시 익힘책》은 이렇게 만들어졌어요!

《국어나라 체언도시 익힘책》은 〈국어나라 체언도시〉에 있는 '명사마을', '대명사마을', '수사마을'을 좀 더 깊이 탐험해 보는 책이에요. 익힘책에서 게임과 모험을 즐기며, 각 품사의 개념과 특성을 더욱 잘 알 수 있을 거예요.

명사마을

1단계 명사의 개념과 어휘 익히기

캠핑장, 전통놀이터, 바닷속을 구경하며 다양한 명사 어휘를 익혀 봐요. 극장에서는 감정을 나타내는 여러 명사를 찾으면서 나의 감정을 표현하는 능력을 키울 수 있어요.

2단계 명사의 종류 알기와 분류하기

명사는 구체적인지 추상적인지에 따라 구체 명사와 추상 명사로 나뉘어요. 또한 특정한 사람이나 사물을 나타내는가, 일반적인 것을 나타내는가에 따라 고유 명사와 보통 명사로 나뉘어요.
책에 나오는 질문에 열심히 답하다 보면 우리 주위의 구체 명사와 추상 명사, 고유 명사와 보통 명사를 분명하게 알 수 있을 거예요.

대명사마을

1단계 대명사의 개념과 어휘 익히기

대저택에 마련된 방 탈출 게임을 하다 보면 다양한 대명사를 만날 거예요. 여러 인칭 대명사와 사물·장소 지시 대명사, 부정칭·미지칭 대명사를 찾으면서 대명사를 명확하게 알 수 있을 거예요.

2단계 대명사의 종류 알기와 분류하기

인칭 대명사는 일인칭, 이인칭, 삼인칭으로 나뉘어요. 신나게 방 탈출 게임을 하다 보면 말하는 이에게 가까운지, 듣는 이에게 가까운지, 모두에게 먼지에 따라 나뉘는 사물 지시 대명사와 장소 지시 대명사의 종류를 알고 분류할 수 있어요.

3단계 부정칭 대명사와 미지칭 대명사 익히기

부정칭 대명사와 미지칭 대명사는 서로 모습이 비슷해서 헷갈려요.
이 책에 있는 여러 예문을 보면서 임무를 수행하면 이 둘을 정확하게 구분할 수 있을 거예요.

수사마을

1단계 수사의 종류 알기와 수사 어휘 익히기

수사는 크게 양수사와 서수사로 나뉘어요. 양수사와 서수사 모두 다시 고유어와 한자어로 나뉘지요. 수사마을에서 균형을 맞추면서 수사의 종류를 알고 다양한 수사 어휘를 익힐 수 있어요.

2단계 수사와 수 관형사 구분하기

수량과 순서를 나타내지만 수사가 아닌 어휘가 있어요. 바로 '수 관형사'이지요. 그래서 수사와 수 관형사는 자주 헷갈려요.
체언도시를 여행하면서 문제를 풀면 수사와 수 관형사를 확실하게 구분하게 될 거예요.

# 차례

명사마을: 이름

1장 여러분은 국어나라 체언도시에 초대되었습니다 … 10

2장 명사마을 캠핑장에서 내 이름 찾기 … 13

3장 캠핑장에서 명사 요정들과 숨바꼭질하기 … 15

4장 명사를 찾아 풍선 열기구 타기 … 20

5장 호수 속 탐험하기 … 24

6장 극장에서 감정 찾기 … 31

7장 구체 명사와 추상 명사 구분하기 … 40

8장 명사마을 여행 끝!
고유 명사와 보통 명사를 나누어라 … 45

▷ 명사마을 정답 … 50

대명사마을: 이름 대신

1장 신비한 방 탈출 게임, 대명사 요정들을 찾아라 … 54

2장 1층 거실에서 인칭 대명사 구별하기 … 56

3장 인칭 대명사를 맞혀 지하층을 탈출하라 … 63

4장 사물 지시 대명사 수수께끼 풀기 … 69

5장 장소 지시 대명사대로 십이지신 조각 배열하기 … 76

6장 놀이방에서 장소 지시 대명사 분류하기 … 81

7장 부정칭, 미지칭 대명사를 구별하라 … 87

▷대명사마을 정답 … 96

수사마을: 수량과 순서

1장 수사마을에서 균형 잡기 … 100

2장 순서에 맞게 내 밥을 만들자 … 103

▷수사마을 정답 … 112

1장
여러분은 국어나라 체언도시에 초대되었습니다

안녕하세요, 여러분. 신수 랑이입니다.

검은 안개가 물러간 지금, 여러분은 국어나라 체언도시를 마음껏 탐험해 볼 수 있어요. 검은 안개가 사라진 마을의 아름다운 모습을 소개할 수 있어서 가슴이 참 벅차네요.

마을 구석구석을 돌아다니다 보면 귀여운 말 요정들도 만날 수 있어요. 말 요정들과 신나는 놀이도 하고, 흥미진진한 게임도 할 수 있답니다. 상상만 해도 신나죠?

즐거운 여행이 끝나면 국어 지식이 선물처럼 쌓여 있을 거예요.

우리의 여행은 호랑이 신수, 저랑이가 살고 있는 명사마을에서 시작됩니다.

명사마을로 가는 버스에 어서 오르세요.

버스, 출발합니다. 슝슝!

여기가 바로 명사마을 입구예요. 풍차 두 개가 보이지요? 씽씽 잘 돌아가고 있네요.

이제 명사마을 문을 여는 즐거운 놀이를 할 거예요.

그럼, 시작해 볼까요?

공중에 여러 개의 박이 떠 있지요?
9개의 품사 이름이 적혀 있는
박을 찾아 보세요.

그중 체언도시의 마을 이름이
있는 박에 주머니를 던지세요.

준비됐나요? 콩 주머니를
던지세요!

시~~~~~작!

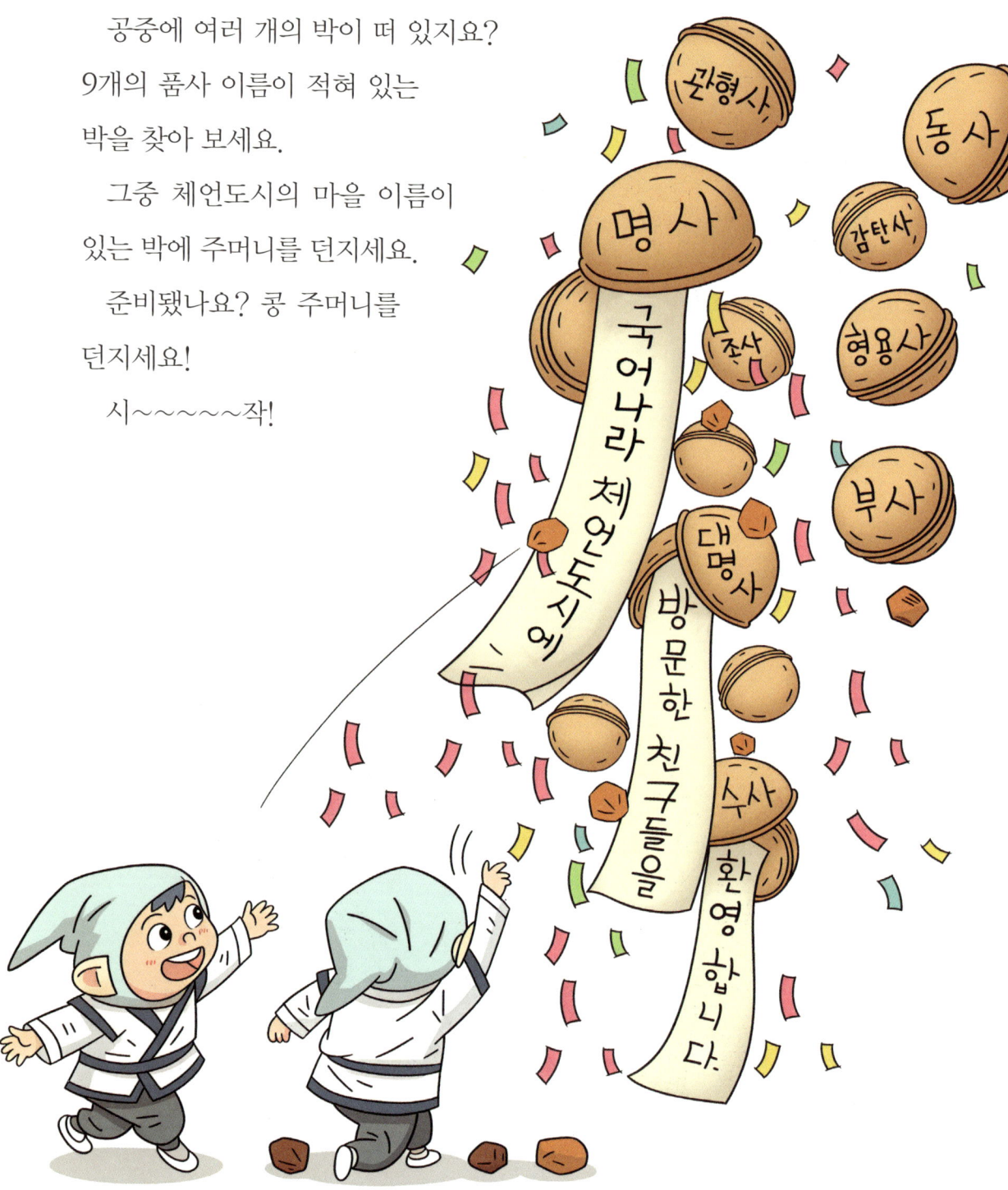

2장

명사마을 캠핑장에서 내 이름 찾기

이제 캠핑장에서 명사 요정들과 이름표 뜯기 놀이를 할 거예요. 놀이를 하려면 여러분에게도 이름표가 필요하겠지요?

여기에 캠핑과 관련한 이름들이 있어요. 이 중 여러분이 하나를 골라 이름표로 삼으면 됩니다. 그런데 초성만 있네요.

먼저 뜻을 읽고, 이름을 완성해 주세요.

① ㅊㄴ : 겹으로 된 천 사이에 솜, 깃털 따위를 넣고 자루 모양으로 만든 침구. 주로 야영할 때에 써요.

예문: 겨울에 텐트에서 잘 때 □□에서 자야 춥지 않아요.

② ㅈㅈ : 통나무를 길쭉하게 잘라서 쪼갠 땔나무.

예문: 밤에 □□에 불을 붙여 감자를 구워 먹자.

③ ㅎㅁ : 기둥 사이나 나무 그늘 같은 곳에 달아매어 침상으로 쓰는 그물.
예문: 바닷가 나무 사이에 □□을 걸어 낮잠을 자면 잠이 잘 와.

④ ㄱㄴㅁ : 그늘이 생기도록 천막처럼 치는 물건. 텐트와 비슷하나 벽이 없이 삼면 또는 사면이 뚫려 있어요.
예문: 텐트 앞에 □□□을 설치하고 낮잠을 자자.

⑤ ㅊㅎ : 자기가 몸소 겪음. 또는 그런 경험.
예문: 바닷속을 마음껏 다니며 바다를 □□하고 싶어.

⑥ ㅊㅈ : 널리 찾아서 얻거나 캐거나 잡아 모으는 일.
예문: 곤충 □□을 하려면 잠자리채가 필요해.

○ 정답은 50쪽에 있어요.

여러분, 이름표를 고르셨나요?
자신의 이름표를 배에 붙여 주세요.

여기에 써요!

3장
캠핑장에서 명사 요정들과 숨바꼭질하기

명사 요정들과 숨바꼭질 놀이를 할 거예요. 명사 요정들이 캠핑장 곳곳에 숨어 있답니다.

숨어 있는 열 명의 명사 요정을 찾아서 이름표를 뜯고 해당 이름이 들어가는 문장을 만들면 성공!

단, 셋째, 여섯째 문장을 만들고 나면 저 랑이가 간단한 문제를 낼 거예요. 문제를 맞히지 못하면 여러분의 이름표가 뜯기고 말아요.

규칙은 잘 알겠지요? 이제 놀이를 시작해 봐요.
숨어 있는 명사 요정들 찾기, 시~~~~~작!
요정을 찾아 동그라미를 치세요.

① 호기심: 새롭고 신기한 것을 좋아하거나 모르는 것을 알고 싶어 하는 마음.

• 내가 만든 문장

_____

② 교류: 문화나 사상 등이 서로 오감.

• 내가 만든 문장

_____

③ 계곡: 물이 흐르는 골짜기.

• 내가 만든 문장

_____

세 문제를 마쳤네요. 여기서 잠깐 문제!

'-심'이 들어가는 명사 5개를 10초 안에 어휘 주머니에 쓰세요.

④ 소통: 뜻이 서로 통하여 오해가 없음.

• 내가 만든 문장

_____

⑤ 수집: 취미나 연구를 위해 여러 가지 물건이나 재료를 찾아 모음.

• 내가 만든 문장

_____

⑥ 도심: 도시의 중심부.

• 내가 만든 문장

_____

여섯 문제 해결! 다시 한번 잠깐 문제!

다음 속담 빈칸에 알맞은 명사를 써넣으세요.

쥐구멍에도 □ 들 날이 있다.

◯ 정답은 50쪽에 있어요.

⑦ 역사: 인류 사회의 변천과 흥망의 과정. 또는 그 기록.

• 내가 만든 문장

_____

⑧ 여가: 일이 없어 남는 시간.

- 내가 만든 문장

  _____

⑨ 휴가: 직장·학교·군대 따위의 단체에서, 일정한 기간 동안 쉬는 일. 또는 그런 겨를.

- 내가 만든 문장

  _____

⑩ 기후: 기온, 비, 눈, 바람 따위의 대기(大氣) 상태.

- 내가 만든 문장

  _____

◯ 예시 답은 50쪽에 있어요.

10개 문장을 모두 완성했네요.
여러분 모두 참 잘했어요.
자, 이제 다음 장소로 이동합니다.

4장
명사를 찾아 풍선 열기구 타기

들판에 풍선 열기구가 있어요. 풍선 열기구에 타려면 다음 말판에서 명사 10개를 찾아 사다리를 완성해야 해요. 숨어 있는 명사는 두 글자 이상이고 가로, 세로로 이으면 찾을 수 있어요.

어떤 명사가 숨어 있을까요? 5분 안에 찾아 주세요.

항	먀	곳	샤	종	뇨	안	삿
줏	폭	우	빚	닫	숫	구	솔
소	짚	싱	변	잼	햇	풍	습
갸	놈	갖	화	살	주	랄	할
두	루	미	삿	갖	머	숯	공
맴	봉	별	농	경	니	롱	줌
전	설	탐	래	숨	바	꼭	질
잿	린	표	면	냐	졸	멱	렬

▶ 정답은 50쪽에 있어요.

디딤판을 완성했네요. 풍선 열기구를 타고 명사마을을 구경해 볼까요? 명사 요정들이 재미있는 전통놀이를 하고 있어요.

뜻을 보고, 놀이 이름을 써 보세요.

① 종이나 천으로 만든 제기를 발로 차올려 땅에 떨어뜨리지 않고 계속 차는 놀이.

_____

② 긴 널빤지의 중간을 괴어 놓고 양쪽 끝에 한 사람씩 올라서서 번갈아 뛰어 오르는 놀이. 우리나라 고유의 놀이로 주로 음력 정월이나 단오, 추석에 여자들이 해요.

_____

③ 두 사람이 일정한 거리에서 청·홍의 화살을 던져 병 속에 많이 넣어 승부를 가리는 놀이.

_____

④ 팽이를 채로 쳐서 돌리는 놀이.

_____

⑤ 바람을 이용해 연을 하늘 높이 띄우는 놀이.

_____

⑥ 공기를 가지고 노는 아이들 놀이.

_____

⑦ 편을 갈라 윷으로 승부를 겨루는 놀이.

_____

◯ 정답은 51쪽에 있어요.

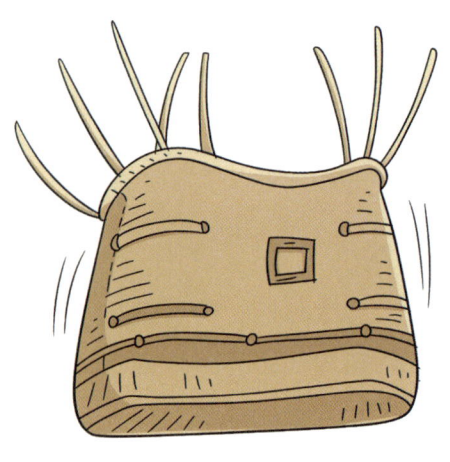

호수 속 탐험하기

이곳은 윤슬이 아름다운 명사마을 호수예요. 우리는 호수에서 잠수를 하며 호수 속을 탐험할 거예요.

잠수에 필요한 물품 이름을 써 보세요.

◯ 정답은 51쪽에 있어요.

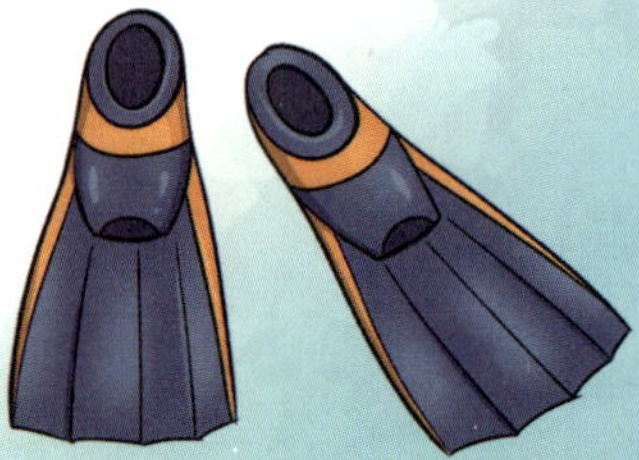

① ㅈ ㅅ ㅂ

② ㅇ ㄹ ㅂ

③ ㅁ ㅇ ㄱ　　　　　④ ㅎ ㅎ ㄱ

잠수를 할 때 필요한 것들을 모아 보세요.

호수 속에는 많은 생명체가 조화롭게 살고 있어요. 왼쪽 이름은 오른쪽 생명체들을 통틀어 표현하는 말이에요.
알맞은 것끼리 선을 그어 연결해 보세요.

어류　　　　•　　　　•　연꽃, 수련, 부레옥잠, 물풀 등

수서 곤충　　•　　　　•　세균, 물곰팡이 등

수생 식물　　•　　　　•　잉어, 붕어, 송어 등

미생물　　　•　　　　•　잠자리 애벌레(수채), 장구벌레, 물방개 등

　　　　　　　　　　　　　　　◯ 정답은 51쪽에 있어요.

이제 호수 밖에서 낚시를 할 거예요. 낚시에 필요한 물품 이름을 어휘 주머니에 모았어요. 아래 빈칸에 들어갈 말을 어휘 주머니에서 꺼내어 빈칸을 채우세요.

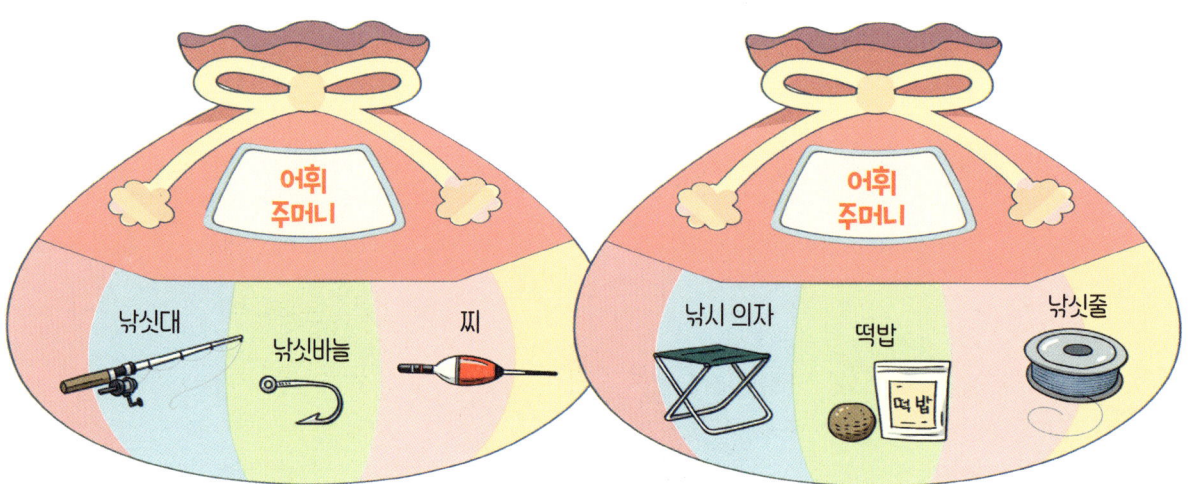

① 낚시 미끼인 ☐☐을 잘 만들어야 물고기들이 몰려들어.

② 가늘고 긴 ☐☐☐를 드리우고 우리 선조들은 강에 비친 달을 낚으려 했지.

③ 미끼를 꿰어 물고기를 잡는 데 쓰는 작은 쇠갈고리인 ☐☐☐☐에 손가락이 찔리지 않도록 주의해야 해.

④ 그늘막 아래에서 ☐☐ ☐☐에 앉아 잔잔한 물결을 보고 있으면 마음도 고요해져.

⑤ 물고기가 미끼를 물면 ☐가 살살 움직여.

◐ 정답은 51쪽에 있어요.

이제, 낚시 준비가 끝났지요? 우리가 할 낚시는 이름표 낚기예요.
호수 속 물고기들은 자석이 붙은 이름표를 입에 물고 있어요. 산호와 조개도 동물입니다.

해적	다이빙	물장구	해조류	범고래
어류	돌고래	심해	어촌	밀물
서핑	바다거북	참치	잠수	물범
헤엄	미역	연꽃	갯벌	해변
어선	김	어시장	소금	물갈퀴
썰물	수영	어업	해수	바다뱀
말미잘	해양	갈치	심층수	해경
해산물	잠수함	해녀	염분	꽃게
선박	해일	모래	등대	빙하
낚시	수평선	우럭	민물	지질학

이것이 이름표 목록이에요. 낚싯바늘이 자석으로 된 낚싯대를 드리우면 물고기들이 이름표를 가져다줄 거예요.

자, 그럼 '해'가 들어간 이름표 10개를 찾아 쓰세요.

▶ 정답은 51쪽에 있어요.

위 단어에서 '해'는 어떤 의미일까요? '바다'를 뜻하는 한자 '해(海)'입니다. 그래서 위 단어들은 모두 바다와 관련된 명사지요.

바다에는 많은 생명체가 살고 있어요. 바다 식물, 바다 동물은 모두 저마다 이름이 있어요.

앞의 이름표 목록에서 '바다에서 사는 동물' 이름 10개를 찾아 쓰세요.

▶ 정답은 51쪽에 있어요.

물속 탐험이 즐거우셨나요? 이제 웅장한 대극장으로 가서 감정 명사 요정들을 만나요.

물장구: 헤엄칠 때 발등으로 물 위를 잇따라 치는 일.

해조류: 바다에서 나는 조류를 통틀어 이르는 말.

심해: 깊은 바다.

밀물: 조수의 간만으로 해면이 상승하는 현상. 또는 그 바닷물. 간조에서 만조까지를 이르며 하루에 두 차례씩 밀려 들어옴.

수평선: 물과 하늘이 맞닿아 경계를 이루는 선.

썰물: 조수의 간만으로 해면이 하강하는 현상. 또는 그 바닷물. 만조에서 간조까지를 이르며 하루에 두 차례씩 밀려 나감.

심층수: 저층수와 중층수 사이의 수심 1,000~4,000미터에 있는 저온·고밀도의 물리적·화학적 성질이 거의 같은 해수의 모임.

어패류: 어류(魚類)와 조개류를 아울러 이르는 말.

해일: 해저의 지각 변동이나 해상의 기상 변화 때문에 갑자기 바닷물이 크게 일어서 육지로 넘쳐 들어오는 것. 또는 그런 현상.

염분: 바닷물 따위에 함유되어 있는 소금기.

6장
극장에서 감정 찾기

이곳은 명사 요정들이 가장 많이 찾는 대극장이에요.

대극장에서 명사 요정들이 직접 공연도 하고 영화도 봐요. 감정 명사 요정들이 여러분과 함께 공연을 하려고 해요.

극본의 빈칸에 감정 명사를 넣어 극을 완성해 보세요.

다음은 대본을 완성할 감정 명사들이에요.

절망감	동경	연민	포기
공포	우울감	행복	기대감
실망감	용기	기쁨	만족감
좌절	즐거움	자신감	흥분

안녕! 친구들. 나는 진행자 요정이야.

여기는 공감 동굴이야.

공감 동굴에서는 누구든지 자신의 감정을 드러낼 수 있어.

자신이 느끼는 감정을 드러내고 친구들이 공감하면 머리 위 알전구가 켜질 거야.

먼저 어떤 친구가 말을 할까?

나, 나, 나부터 할게.

나는 평소에 높은 곳에 올라가지 못해서 놀이터에서 미끄럼틀에 올라가지도 못했어.

내가 높은 곳에 어떤 감정을 느끼고 있었을까? 두 글자야.

ㄱㅍ. 그래, 바로 그 마음이었어.

그런데 어느 날 아름드리나무 아래를 지나가는데, 작고 어린 새 한 마리가 둥지에서 떨어져 몸을 떨고 있는 거야.

몹시 불쌍했어. ㅇㅁ을 느낀 거지.

하지만 나무 위는 너무 높아서 한참을 고민했어.

내게 필요한 것이 무엇이었을까? 두 글자야.

ㅇㄱ. 작게 떨고 있는 새를 보니 이 마음이 솟아나더라고.

마음을 굳게 다지고 새를 주머니에 넣고 나무 위 둥지로 차근차근 올라갔어.

다리는 후들거리고 떨어질까 무서웠지만 작게 떨고 있는 새만 생각했지.

마침내 둥지에 다가가 새를 둥지 위로 올려놓았을 때, 나는 이 마음이 가득 찼어. 해냈다는 마음을 나타내는 '**성취감**'.

진행자 요정: 오, 이 요정의 이름은 '성취감'이야.
이 요정에게 공감하니? 공감한다면 요정에게 칭찬하는 말을 하자.
칭찬하는 말: _____

성취감 요정 머리 위에 알전구가 켜졌어. 정말 예쁜걸?
그럼, 다음은 성취감 요정 옆에 앉은 요정이 감정을 나타내 줄래?

나는 나를 느꼈던 한 아이가 되어 이야기를 할게.
정말 부끄러운데 부모님께 잘못한 일이 있어.
친구들은 모두 휴대폰을 가지고 있는데 나만 가지지 못했어.
매일 졸라서 드디어 부모님께서 휴대폰을 사 오셨어.
그날, 부모님은 일찍 퇴근하셔서 나를 기다리고 계셨어.
내가 기뻐하는 모습을 보고 싶으셨던 거야.

ㄱㄷㄱ이 가득 찬 모습이셨어.

휴대폰을 사 오셨다는 말을 들었을 때 내 가슴은 이 마음으로 꽉 찼어.

ㄱㅃ.

아빠가 등 뒤에 숨겼던 휴대폰 상자를 꺼내실 땐, ㅎㅂ을 참을 수 없었지.

그런데 상자를 열자 나는 얼굴을 찌푸리고 말았어.

친구들이 가지고 있는 신상 휴대폰이 아니었어. 난 바라던 일이 뜻대로 되지 않아서 ㅅㅁㄱ을 느꼈어.

구형 휴대폰은 창피해서 쓸 수 없다며 방에 들어가 버렸어.

한밤중에 잠이 깼어.

엄마가 내 머리를 쓰다듬으며 하시는 말씀을 들었어.

"더 좋은 휴대폰을 사 주지 못해 미안해."

나는 일어나 엄마를 꽉 껴안았어.

"내가 미안해, 엄마. 내가 잘못했어."

나는 엄마를 안으며 내가 했던 행동을 반성했어.

내 마음은 바로 '후회'야.

진행자 요정: 흑흑, 정말 눈물 나는 이야기야. 그래도 반성하고 후회했다니 조금은 성숙해졌을 거야. 후회 요정에게 공감한다면 자신이 후회하는 일을 하나씩 써 보자.

후회하는 일: ＿＿＿＿＿＿＿＿＿＿＿＿＿＿＿＿＿＿＿＿＿＿＿＿＿

진행자 요정: 후회 요정 알전구에도 불이 켜졌어. 다음 요정은 누굴까?

내 얘기는 짧아.
아마 모두 공감할 수 있을 거야.
나를 느꼈던 한 아이가 되어 이야기해 볼게.
나는 정말 좋아하는 아이돌 그룹이 있어.
동영상을 보며 춤과 노래를 따라 하고 앨범과 포토 카드도 사.
이들은 나의 이상형인 데다가 닮고 싶은 ㄷㄱ 의 대상이야.
나는 콘서트에 가고 싶어 표를 예매하는 날만 기다렸어.
그날 나는 여러 번 예매를 시도했지만 번번이 실패했어.
결국 기운이 꺾여 ㅈㅈ 을 겪고 ㅍㄱ 를 할 수밖에 없었어.
그런데 같은 아이돌을 좋아하는 친구에게 전화가 왔어.
"내가 표 2장을 예매했어. 같이 가자."
콘서트 날까지 좋아하는 아이돌을 본다는 생각에 들떠서 계속 가슴이 두근거렸지.
이 마음은 바로 '**설렘**', 내 이름이야.

진행자 요정: 와, 정말 좋았겠다. 친구들은 설렘을 느껴 본 적이 있

니? 언제 설렜는지 얘기해 보자.

설렘을 느낀 때: _____

진행자 요정: 설렘 요정 알전구에도 불이 들어왔어. 어두침침했던 동굴에 은은한 불빛이 비치니 왠지 낭만적이야. 다음은 누가 얘기해 볼까?

조심스럽지만 내가 얘기해 볼게.
너희가 공감할 수 있을지는 잘 모르겠어.
나를 느끼는 한 아이가 되어 얘기할게.
나는 앞으로 내가 잘 살아갈 수 있을지 모르겠어.
나는 공부를 잘하지도 못하고 운동도 잘하지 못해.
한번은 부모님께 칭찬을 듣고 싶어서 열심히 공부했는데 시험 문제를 많이 틀리고 말았어.
기대를 잔뜩 했는데 결과가 좋지 않아서 그만 울고만 싶은 ㅇㅇㄱ을 느꼈어.
이때 나는 무엇이든 이룰 수 있을 거라는 ㅈㅅㄱ을 잃고 말았어. 앞날을 생각하면 희망감보다 ㅈㅁㄱ만 느낄 뿐이야.
앞으로 내가 부모님께서 자랑스러워할 어른이 될 수 있을지 정말 걱정돼.
나는 '불안'이야.

진행자 요정: '불안'아, 여기 있는 친구들 모두 불안에게 공감할 수 있을 거야. 모두 불안을 느낀 적이 있었지? 하나씩 말해 보자.

불안을 느낀 적: _____

진행자 요정: 불안 요정 전구에도 불이 들어왔어. 동굴이 더 환해졌네.

불안아, 언제나 모든 것을 잘할 수는 없어. 알 수 없는 미래에 불안을 느끼는 것은 당연한 거야.

부모님께서 자랑스러워할 어른이 되면 참 좋을 거야.

그렇지만 오히려 부모님께서는 너 스스로 ㅁㅈㄱ 을 느끼고 ㅎㅂ 을 누리는 것을 더 좋아하실걸?

튼튼하고 건강한 생활을 하면서 네가 웃으며 ㅈㄱㅇ 을 느끼길 바라실 거야.

불안 요정: 진행자 요정아, 네 말이 힘이 된다. 그런데 너는 어떤 요정이야?

진행자 요정: 나는 남을 너그럽게 감싸 주고 받아들이는 **'포용심'**이야. 어? 내 알전구에도 불이 켜졌어. '포용심'에 공감해 주어 고마워.

이제 동굴이 완전히 밝아졌어. 헤어질 시간이야.

자기 마음을 솔직하게 들여다보기. 모두 기억해. 안녕!

○ 정답은 51~52쪽에 있어요.

어휘 창고

공포: 두렵고 무서움.

기대감: 어떤 일이 이루어지기를 바라고 기다리는 심정.

만족감: 만족한 느낌.

기쁨: 욕구가 충족되었을 때의 흐뭇하고 흡족한 마음이나 느낌.

동경: 어떤 것을 간절히 그리워하여 그것만을 생각함.

불안: 마음이 편하지 아니하고 조마조마함.

설렘: 마음이 가라앉지 아니하고 들떠서 두근거림. 또는 그런 느낌.

실망감: 희망이나 명망을 잃은 느낌.

용기: 씩씩하고 굳센 기운. 또는 사물을 겁내지 아니하는 기개.

연민: 처지가 안되고 애처로워 가엾게 여김.

- 근심스럽거나 답답하여 활기가 없음. **우울**
- 즐거운 느낌이나 마음. **즐거움**
- **좌절** 마음이나 기운이 꺾임.
- 계획이나 의지 따위가 꺾여 자신감을 잃은 느낌이나 기분. **절망감**
- 자신이 있다는 느낌. **자신감**
- 하려던 일을 도중에 그만두어 버림. **포기**
- 남을 너그럽게 감싸 주거나 받아들이는 마음. **포용심**
- 생활에서 충분한 만족과 기쁨을 느끼어 흐뭇함. **행복**
- 어떤 자극을 받아 감정이 북받쳐 일어남. 또는 그 감정. **흥분**
- 이전의 잘못을 깨치고 뉘우침. **후회**

7장
구체 명사와 추상 명사 구분하기

여기는 명사마을 여행의 종착지, 바로 풍차입니다.

명사마을에 검은 안개가 몰려왔을 때 검은 안개를 완전히 물리친 것도 바로 이 풍차이지요.

먼저, 오른쪽 풍차로 올라갈까요? 잘 따라오세요.

오른쪽 풍차는 구체 명사와 추상 명사로 나뉜 보드판에 각각에 맞는 이름표를 붙이면 작동해요.

구체 명사는 구체적인 모습을 갖춘 물건을 나타내는 명사를 말해요. 눈에 보이고 만질 수 있고 들을 수 있는 것들의 이름이 구체 명사입니다.

지금 여러분 주위에서 구체 명사 5개를 찾아 어휘 주머니에 써 보세요.

추상 명사는 개념이나 감정 같은 것을 나타내는 명사예요. 눈에 보이지도 만질 수도 들을 수도 없는 것들의 이름이지요.

머릿속에서 생각나는 추상 명사 5개를 어휘 주머니에 써 보세요.

➡ 예시 답은 52쪽에 있어요.

자, 이제 보드판을 보겠습니다. 각각에 붙인 명사 이름표가 풍차를 돌리는 동력이 됩니다.

구체 명사		추상 명사	
꽃구름	종달새	무지개	여가
평화	나선형	진리	그믐달
은하	지혜	조약돌	추억
여울	민주주의	지식	진화
자유	아지랑이	강아지풀	꿈
행성	세월	샛바람	감동
호랑나비	가치관	공감	조랑말

아, 풍차가 왜 느린가 했더니 명사 이름표 몇 개가 잘못 붙어 있네요. 각각 6개씩 잘못 붙어 있어요.

잘못된 것을 찾아 제자리로 옮기세요.

여러분이 명사의 자리를 찾아 주면 풍차가 잘 돌아갈 거예요.

구체 명사 쪽의 단어 뜻을 보고 잘못 들어가 있는 추상 명사 6개를 골라 쓰세요.

꽃구름 여러 가지 빛을 띤 아름다운 구름.

종달새 종다릿과의 새.

평화 평온하고 화목함.

나선형 소라의 껍데기처럼 빙빙 비틀려 돌아간 모양.

은하수 천구(天球) 위에 구름 띠 모양으로 길게 분포되어 있는 수많은 천체의 무리를 강에 비유하여 이르는 말.

지혜 사물의 이치를 빨리 깨닫고 사물을 정확하게 처리하는 정신적 능력.

여울 강이나 바다 따위의 바닥이 얕거나 폭이 좁아 물살이 세게 흐르는 곳.

민주주의 국민이 권력을 가지고 그 권력을 스스로 행사하는 제도.

자유 외부적인 구속이나 무엇에 얽매이지 아니하고 자기 마음대로 할 수 있는 상태.

아지랑이 주로 봄날 햇빛이 강하게 쬘 때 공기가 공중에서 아른아른 움직이는 현상.

행성 중심 별의 강한 인력의 영향으로 타원 궤도를 그리며 중심 별의 주위를 도는 천체.

세월 흘러가는 시간.

호랑나비 호랑나빗과의 호랑나비, 제비나비 따위를 통틀어 이르는 말.

가치관 가치에 대한 관점.

● 정답은 52쪽에 있어요.

추상 명사 쪽의 단어 뜻을 보고 잘못 들어가 있는 구체 명사 6개를 골라 쓰세요.

무지개 공중에 떠 있는 물방울이 햇빛을 받아 나타나는, 반원 모양의 일곱 빛깔의 줄.

여가 일이 없어 남는 시간.

진리 참된 이치. 또는 참된 도리.

그믐달 음력으로 그달의 마지막 날 전 며칠 동안 보이는 달.

조약돌 작고 동글동글한 돌.

추억 지나간 일을 돌이켜 생각함.

지식 어떤 대상에 대해 배우거나 실천을 통해 알게 된 명확한 인식이나 이해.

진화 일이나 사물 따위가 점점 발달해 감.

강아지풀 볏과의 한해살이풀. 잎이 좁고 길며 여름에 가는 줄기 끝에 강아지 꼬리 모양의 연한 녹색 또는 자주색 꽃이 핌.

꿈 실현하고 싶은 희망이나 이상.

샛바람 뱃사람들의 은어로, '동쪽에서 부는 바람'을 이르는 말.

감동 크게 느끼어 마음이 움직임.

공감 남의 감정, 의견, 주장 따위에 대해 자기도 그렇다고 느낌. 또는 그렇게 느끼는 기분.

조랑말 몸집이 작은 종자의 말.

▶ 정답은 52쪽에 있어요.

8장
명사마을 여행 끝! 고유 명사와 보통 명사를 나누어라

왼쪽 풍차는 고유 명사 이름표를 붙이면 돼요.

고유 명사는 낱낱의 특정한 사물이나 사람을 다른 것들과 구별해서 부르기 위해 고유의 기호를 붙인 이름이에요.

여러분의 이름을 아래 이름표에 써 보세요.

여러분 반 친구 5명의 이름을 써 보세요.

여러분의 이름과 반 친구의 이름은 모두 고유 명사입니다.

고유 명사는 고유해서 사진만 보고도 이름을 맞힐 수 있어요. 달리와 산이가 대극장에서 사진만 보고 이름을 맞혔던 것처럼 우리도 해 봐요.

다음 세계 문화 유산 이름을 맞혀 보세요.

① 프랑스 파리 센강 근처에 있는 철탑.

이름: _____

② 중국 진시황제가 적의 침략을 막기 위해 만든 성.

이름: _____

③ 미국 뉴욕에 있는 동상. 에펠탑을 설계한 에펠이 내부 철골 구조를 담당했어요.

이름: _____

④ 조선 시대 역대 임금과 왕비의 위패를 모시던 왕실의 사당. 서울 종로 3가에 있어요.

이름: _____

⑤ 인도 아그라에 있는 건물. 무굴 제국의 제5대 황제 샤자한이 사랑하는 왕비를 위해 세웠어요.

이름: _____

이번에는 한반도의 위인 이름 맞히기 게임이에요.

설명을 잘 듣고 어떤 위인인지 이름을 말하면 돼요.

① 고구려 영양왕 때의 장군이에요. 중국 수나라 양제가 고구려에 대군을 이끌고 쳐들어오자 이를 살수에서 물리쳤어요.
살수대첩으로 유명한 장군의 이름은 무엇일까요?

이름: _____

② 조선 제4대 왕이에요. 집현전을 두어 학문을 장려했고 훈민정음을 창제했으며, 측우기·해시계 따위의 과학 기구를 제작하게 했어요.
이 왕의 이름은 무엇일까요?

이름: _____

③ 조선 전기 여성으로서 자수와 서화에 능했으며, 현모양처의 모범으로 숭앙받았어요. 율곡 이이의 어머니로도 유명해요.
이 위인의 이름은 무엇일까요?

이름: _____

④ 여성 독립운동가로서 18세 때 이화 학당 고등과 1년생으로 3·1 운동에 참가한 뒤, 고향인 천안에 내려가서 아우내 장날을 기해 만세를 삼창하며 시위하다 일본 경찰에 체포된 후 옥중에서 순국했어요.
이 독립운동가의 이름은 무엇일까요?

이름: _____

◐ 정답은 52쪽에 있어요.

명사마을 여행 즐거우셨나요?

검은 안개에 뒤덮였던 명사마을은 여러분의 국어 지식 덕분에 평화롭고 아름다운 마을로 돌아왔어요.

이번 여행을 하면서 명사의 특징을 정확하게 알고 다양한 명사 어휘를 익혔지요? 그리고 구체 명사와 추상 명사를 구별할 줄 알고, 고유 명사가 무엇인지 분명하게 알게 되었을 거예요.

여러분이 이번 여행에서 얻은 국어 지식이 국어나라를 더욱 탄탄하게 만들 거랍니다.

국어나라의 앞길을 밝힐 영웅은 바로 여러분이에요.

대명사마을에서 또 만나요!

명사마을 정답

• **13-14쪽**

①침낭 ②장작 ③해먹 ④그늘막 ⑤체험 ⑥채집

• **17-19쪽**(답 예)

① 호기심이 많다.
② 남북한 교류가 확대되었다.
③ 계곡으로 피서를 간다.
④ 친구와 소통이 잘 된다.
⑤ 나의 취미는 포토 카드 수집이다.
⑥ 도심은 복잡하다.
⑦ 조선 시대 역사가 재미있다.
⑧ 학원 숙제가 많아서 여가가 없다.
⑨ 제주도에서 휴가를 보내다.
⑩ 지구온난화로 기후 변화가 심하다.

• **잠깐 문제**

경쟁심, 자부심, 반항심, 자존심, 수치심 등

• **잠깐 문제**

별

• **20쪽**

					안		
	폭	우			구		
			변			풍	습
			화		주		
	두	루	미		머		
				농	경		
	전	설			숨	바	꼭	질
				표	면		

- **22-23쪽**

  ① 제기차기 ② 널뛰기 ③ 투호 ④ 팽이치기 ⑤ 연날리기 ⑥ 공기놀이 ⑦ 윷놀이

- **24-25쪽**

  ① 잠수복 ② 오리발 ③ 물안경 ④ 호흡관

- **26쪽**

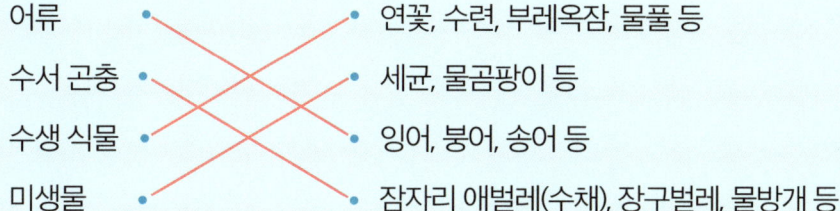

- **27쪽**

  ① 떡밥 ② 낚싯대 ③ 낚싯바늘 ④ 낚시 의자 ⑤ 찌

- **29쪽**

  해적, 해조류, 심해, 해변, 해수, 해양, 해경, 해산물, 해녀, 해일

  범고래, 돌고래, 바다거북, 참치, 물범, 바다뱀, 말미잘, 갈치, 꽃게, 우럭

- **32쪽**

  공포, 연민, 용기

- **34쪽**

  기대감, 기쁨, 흥분, 실망감

- **35쪽**

  동경, 좌절, 포기

- **36쪽**

  우울감, 자신감, 절망감

- **37쪽**

  만족감, 행복, 즐거움

- **41쪽**(답 예)

  구체 명사: 책, 연필, 가위, 자, 공책, 휴대폰 등

  추상 명사: 용기, 자유, 평화, 사랑, 우정 등

- **43쪽**

  추상 명사: 평화, 지혜, 민주주의, 자유, 세월, 가치관

- **44쪽**

  구체 명사: 무지개, 그믐달, 조약돌, 강아지풀, 샛바람, 조랑말

- **46-48쪽**

  세계 문화 유산

  ① 에펠탑 ② 만리장성 ③ 자유의 여신상 ④ 종묘 ⑤ 타지마할

  위인

  ① 을지문덕 ② 세종대왕 ③ 신사임당 ④ 유관순

1장
신비한 방 탈출 게임, 대명사 요정들을 찾아라

여기는 대명사마을!

으리으리한 대저택이 보이나요?

여러분을 위해 대명사 요정들이 즐거운 방 탈출 저택을 지었답니다. 여러분은 이제 대저택에서 신비한 방으로 들어가 신나는 모험을 할 거예요.

요정들이 글을 만들어 여러분에게 도움을 줄 수 있어요. 신비한 방을 탈출하려면 대명사 요정들이 내는 임무를 수행해야 해요. 어떤 임무들일까요?

모든 방을 거쳐 저택을 탈출하면 대명사마을 신수 루미가 여러분을 반길 거예요.

그럼, 이제 신비한 방으로 들어가 볼까요? 반딧불이 요정들을 잘 따라가세요.

2장
1층 거실에서 인칭 대명사 구별하기

인칭 대명사는 사람을 가리키는 대명사예요.

대명사 요정들이 자신의 이름을 써서 거실 가구와 장소에 붙여 놓았어요. 쪽지를 찾아 58쪽 빈칸을 채우세요. 대명사는 모두 27개가 있답니다.

인칭 대명사는 세 개로 나뉘어요.
일인칭 대명사, 이인칭 대명사, 삼인칭 대명사.

각 대명사의 뜻을 읽고, 위에서 찾은 대명사들을 나누어 넣으세요.

일인칭 대명사	이인칭 대명사	삼인칭 대명사
말하는 사람이 자기 또는 자기의 동아리를 이르는 인칭 대명사 (8개)	듣는 사람을 이르는 인칭 대명사 (9개)	말하는 사람과 듣는 사람을 제외하고 문장에 등장하는 제3의 인물을 나타내는 인칭 대명사 (10개)

◯ 정답은 96쪽에 있어요.

다음 문이 열리는 문제를 드립니다.

같은 글자인데 두 개의 쪽지가 있는 대명사가 있지요?
아래에 써 보세요.

쪽지 두개가 있는 이유는 같은 글자인데 여러 인칭으로 쓰이기 때문이에요.

◯ 정답은 96쪽에 있어요.

이제 다음 방으로 가는 문이 나타났어요.

옆에 걸린 오른쪽, 왼쪽 칠판에 맞는 대명사를 써야 문이 열려요. 먼저, 오른쪽 칠판에 들어갈 대명사예요. 바로 앞에서 찾은, 같은 글자 두 개의 쪽지에 적힌 대명사 가운데 하나예요.

예문을 보고 오른쪽 칠판에 써넣으세요.

이 대명사는 일인칭과 삼인칭으로 모두 쓰여요.

① 일인칭 대명사로 쓰인 경우

□□가 미래를 열어갈 주역입니다.

□□는 모두가 풍요롭고 행복한 삶을 사는 세상을 만들 것입니다.

② 삼인칭 대명사로 쓰인 경우

공연이 끝나자 외국인 방청객들이 서로 □□ 나라의 말로 환호를 보냈어요.

그들은 멋진 케이팝 가수를 □□가 살고 있는 곳으로 초대하고 싶어 했어요.

◯ 정답은 96쪽에 있어요.

이제 왼쪽 칠판에 들어갈 대명사를 알아낼까요?
예문을 보고 왼쪽 칠판에 써넣으세요.
이 대명사는 이인칭과 삼인칭으로 쓰여요.

③ 이인칭 대명사로 쓰인 경우

나는 □□을 세상 그 무엇보다 사랑해요.

□□과 함께 행복한 미래를 만들고 싶어요.

④ 삼인칭 대명사로 쓰인 경우

할머니를 생각하면 눈물이 난다.

할머니는 언제나 □□의 가장 소중한 것을 나에게 주셨다.

◯ 정답은 96쪽에 있어요.

 이처럼 같은 글자이지만 인칭이 다른 것들이 있으니 잘 알아 두어야 해요. 문이 열렸네요! 이제 다음 방으로 들어가 봐요.

여기서 잠깐!

① 일인칭 대명사로 쓰이는 '저희'를 사용해 문장을 써 보세요.

_____

② 삼인칭 대명사로 쓰이는 '저희'를 사용해 문장을 써 보세요.

_____

③ 이인칭 대명사로 쓰이는 '당신'을 사용해 문장을 써 보세요.

_____

④ 삼인칭 대명사로 쓰이는 '당신'을 사용해 문장을 써 보세요.

_____

한번 더 익히기

짧은 글을 지어 보며 인칭 대명사를 익혀 봐요.

'나', '너', '그', '그녀'가 들어가는 짧은 글을 지어 보세요.

_____

_____

_____

_____

◐ 예시 답은 96~97쪽에 있어요.

3장

인칭 대명사를 맞혀 지하층을 탈출하라

여기는 어두컴컴한 지하층입니다.

지하층 바닥에 인칭 대명사로 이루어진 말판이 있습니다.

공중에서 들리는 질문에 맞는 인칭 대명사로 올라가 길을 만드세요. 맞는 답에 올라서면 색을 칠하세요. 잘못된 답을 하면 땅속으로 빠져 다시 출발점으로 돌아옵니다.

이제 시작할까요?

<u>문제를 풀면서 해당 디딤돌에 색칠을 해 주세요.</u>

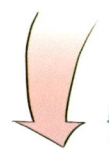 출발

나	저	제	너
저	너	제	님
소인	과인	소녀	소자
자기	자네	귀하	너희
자네	님	네	당신
제	저	나	짐
너희	저이	자네	그대
자네	자기	이이	너희
그분	당신	이분	저분
이이	그분	당신	그이
임	너	여러분	당신
그	나	너	네

◯ 정답은 97쪽에 있어요.

탈출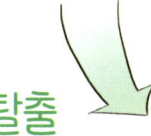

질문 1 친구와 대화할 때 자신을 가리키며 쓰는 일인칭 대명사는?

도움 오늘 밤 주인공은? ☐야, ☐.

| 나 | 저 | 제 | 너 |

질문 2 솔선수범하는 바른 어린이가 말합니다. "청소, ☐이/가 하겠습니다." 이때 ☐ 안에 들어갈 일인칭 대명사는?

| 저 | 너 | 제 | 님 |

질문 3 덕이 적은 사람이라는 뜻으로 임금이 자기를 낮추어 이르던 일인칭 대명사는?

도움 사극에서 임금이 말할 때를 생각해 봐요.

| 소인 | 과인 | 소녀 | 소자 |

질문 4 듣는 이를 확실하게 높여 이르는 이인칭 대명사는?

도움 안내문에서 볼 수 있어요. "☐☐께서 당첨되셨습니다."

| 자기 | 자네 | 귀하 | 너희 |

질문 5 주로 인터넷상에서 잘 모르는 상대방을 높여 이르는 이인칭 대명사는?

도움 원래 사람의 성이나 이름 다음에 붙여 높임을 나타냈던 것인데 인터넷에서 많이 쓰여 대명사가 되었어요.

자네	님	네	당신

질문 6 임금이 자기를 가리키는 일인칭 대명사는?

도움 사극에서 많이 나와요.

제	저	나	짐

질문 7 친구들이 모여 있는데 함께 놀고 싶어서 "□□와 놀고 싶어."라고 말했어요. 이때 친구들을 가리키는 이인칭 대명사는?

도움 여러 명을 가리키는 거예요.

너희	저이	자네	그대

질문 8 주로 연인이나 부부 사이에서 상대방을 정답게 이르는 이인칭 대명사는?

도움 "□□가 집에 올 때 만두 좀 사다 주면 안 될까?"에 들어갈 말이에요.

자네	자기	이이	너희

질문 9 '저 사람'을 아주 높여 이르는 삼인칭 대명사는?

도움 "□□이 내가 가장 존경하는 선생님이야."에 들어갈 말이에요.

| 그분 | 당신 | 이분 | 저분 |

질문 10 '이 사람'을 조금 높여 이르는 삼인칭 대명사는?

도움 '이분'보다는 낮춰 부르는 말이에요.

| 이이 | 그분 | 당신 | 그이 |

질문 11 듣는 이가 여러 사람일 때, 그 사람들을 높여 이르는 이인칭 대명사는?

도움 방송이나, 공식 연설 등에서 많이 써요.

| 임 | 너 | 여러분 | 당신 |

질문 12 친구를 가리키는 데 쓰이고 조사 '가'와 결합해서 쓰이는 이인칭 대명사는?

도움 조사 '가'와 결합할 때 일인칭 대명사인 저는 '제'로 바뀌어요.

| 그 | 나 | 너 | 네 |

◐ 정답은 97쪽에 있어요.

와! 길을 완성했네요.
지하층에서 위층으로 향하는 엘리베이터가 보여요.
이제 엘리베이터를 타고 3층으로 갑니다.
3층에서는 어떤 모험이 기다리고 있을까요?

 여기서 잠깐!

대명사가 가리키는 사람의 이름을 쓰세요.

산: 아함, 졸려. ① 나 어제 책을 읽다가 너무 늦게 잤나 봐.

달리: 〈국어나라 체언도시〉 시리즈 말하는 거지? ② 내가 말했잖아. 한번 손에 잡으면 놓을 수 없을 만큼 재미있다고.

산: 정말 ③ 네가 말한 대로야. 참, 수빈이도 그 책을 읽었대.

달리: ④ 그녀가 읽은 거면 우리 학교 모든 학생이 읽은 거야.

산: ⑤ 우리가 좋은 책을 학교에 소개해서 마리 교장 선생님께도 칭찬받을 듯?

달리: 맞아, ⑥ 그분은 정말 국어 사랑이 남다르시니까.

▶ 정답은 97쪽에 있어요.

4장
사물 지시 대명사 수수께끼 풀기

3층에 도착했습니다.
 엘리베이터 앞은 다른 방으로 가는 좁은 통로입니다.
 좁은 통로 어딘가에 비밀의 문이 있어요.
 비밀의 문을 찾으려면 벽에 새겨진 수수께끼를 풀어야 해요.
 반딧불이 요정들아, 벽을 비춰 줘.

✧ 이것이 가리키는 방향으로 가다가 그것을 만나면 그것이 이것이 된다. 이것의 무게를 덜어 저것으로 만들어라. 그리하면 문이 열릴 것이다. ✧

모두 수수께끼 문구를 외웠나요? 처음에 나오는 '이것'은 무엇일까요? 반딧불이 요정들이 빛으로 글을 만들고 있어요.

가리키는 방향

'나침반'을 찾았군요. 문구에 처음 나온 '이것'의 정체는 '나침반'이었습니다. 그럼 이것을 들고 이것이 향하는 방향으로 갈까요?

나침반이 빙빙 돌고 있어요.

나침반이 빙빙 도는 곳에서 다른 말 요정을 만났습니다.

"안녕하세요, 저는 '그것' 요정이에요. 제 앞에 물건 4개가 놓여 있어요. 이 물건들은 제 자리에서는 이것이지만 여러분의 자리에서는 그것입니다. 그럼, 수수께끼에 나오는 '그것'은 무엇일까요? 반딧불이 요정들아, 도움말을 알려 줘."

무게를 덜다

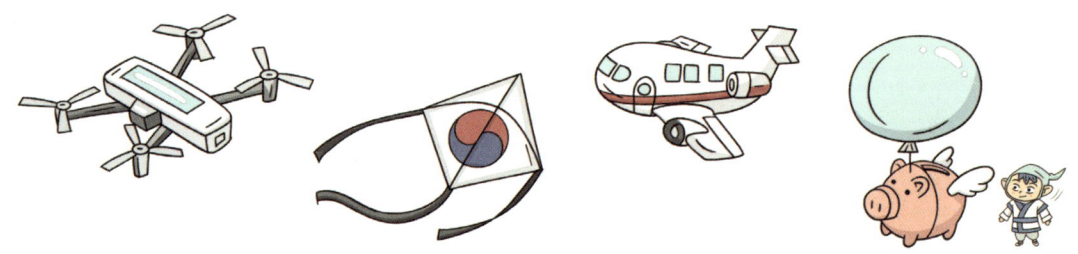

네, 맞습니다. 바로 '저금통'입니다. '그것'이었던 '저금통'을 '이것'으로 만들려면 어떻게 해야 할까요?

'이것'은 말하는 이에게 가까이 있거나 말하는 이가 생각하고 있는 사물을 가리키는 지시 대명사예요.

'그것'은 듣는 이에게 가까이 있거나 듣는 이가 생각하고 있는 사물을 가리키는 지시 대명사예요.

저금통을 여러분 앞으로 가지고 왔군요. 훌륭합니다. 이제 저금통은 여러분에게 '이것'이 되었어요.

　자, 이제 '이것'의 무게를 덜어 '저것'으로 만들어 봐요.
　풍선에 달린 돼지 저금통을 비워 풍선을 높이 띄웠어요. 멀리 간 저금통은 '저것'이 되었네요.

　'**저것**'은 말하는 이와 듣는 이로부터 멀리 있는 사물을 가리키는 지시 대명사예요.

풍선이 천장에 있는 센서에 닿았네요.

철컥, 문이 열렸어요!

어서 다음 모험 속으로 풍덩 들어가요.

여기서 잠깐!

3초 안에 빈칸에 '이것', '그것', '저것'을 넣으세요.

"달리야, 네가 먹고 있는 ①(   )은 뭐야? 맛있어 보여."
"산아, ②(   )의 이름은 카르보나라떡볶이야. 그런데 저기서 랑이가 더 맛있는 것을 먹고 있는 것 같은데... 아니, ③(   )은 전주에서 유명하고 콩나물국에 밥을 만 그 음식이잖아. 콩나물국밥!"

▶ 정답은 97쪽에 있어요.

 한번 더 익히기

짧은 대화를 만들어 보며 사물 지시 대명사를 익혀요.

사물 지시 대명사 '이것', '그것', '저것'이 들어가는 대화를 만들어 보세요.

나: _____

친구: _____

나: _____

친구: _____

5장

장소 지시 대명사대로 십이지신 조각 배열하기

여기는 3층에 있는 십이지신(十二支神)의 방입니다.

십이지신은 땅을 지키는 열두 수호신이에요. 세상의 모든 잡귀를 몰아내고 마을을 수호한다고 해요.

이 방에는 십이지신의 모습을 새긴 목각 인형들이 있어요. 어떤 동물이 있나요?

　열두 수호신은 하루 24시간에서 두 시간씩 자신의 시간을 맡아 세상을 수호하고 있어요.

　십이지신은 순서대로 배열돼요.
　태어난 해에 따라 띠가 달라지는데 이 띠가 바로 십이지신의 순서를 따른 것입니다. 여러분의 띠는 무엇인가요? 여러분의 띠 동물은 어디에 놓일까요?
　목각 인형들이 장소 지시 대명사를 활용해서 자기 위치를 말해 줄 거예요. 여러분은 목각 인형의 설명을 먼저 듣고, 방 안에 그려진 칸 안에 목각 인형을 놓아 주세요. 목각이 무거우니 친구와 함께 옮기세요.

　다음 칸에 십이지신의 이름을 쓰면 돼요.

왼쪽 ← <앞쪽> → 오른쪽

		호랑이	

<뒤쪽>

◯ 정답은 97쪽에 있어요.

조각들은 모두 앞쪽을 보고 있어요. 앞쪽에서 오른쪽과 왼쪽이 표시되어 있으니 잘 보고 조각상들이 어디에 놓이는지 알아봐요.

🐯 **호랑이** 나는 여기에 있어. 내 왼쪽에는 농경 사회에서 밭을 가는 데 꼭 있어야 하는 동물이 있어. 이 동물은 되새김질하는 것으로 유명하지.

🐭 **쥐** 나는 왼쪽에 아무도 없고 앞에도 아무도 없는 곳, 그곳에 두면 돼. 호랑이가 말한 동물은 바로 내 오른쪽에 있어.

🐷 **돼지** 나는 쥐와는 가장 멀리 떨어져 있어. 쥐를 저기에 있다고 말할 수 있어. 내 오른쪽과 뒤쪽엔 아무도 없지. 내가 있는 요쪽의 앞줄에 현실에는 존재하지 않는 신비한 동물이 있지.

🦭 **뱀** 나는 돼지가 말한 신비한 동물의 왼쪽에 있어. 내 뒤에는 멍멍 소리를 내고 반가우면 꼬리를 흔드는 동물이 있지. 또 오른쪽 대각선 위인 거기로 가면 긴 귀를 쫑긋거리는 동물을 만나. 이것은 앞니가 길고 정말 귀여워.

🐶 **개** 나도 뱀이 말한 귀여운 동물과 친해지고 싶은데 고쪽과는 조금 떨어져 있어. 하지만 뱀 바로 뒷줄에 있어서 뱀과는 친해.

🐲 **용** 나는 뱀이 말한 긴 귀를 가진 그것의 바로 뒷줄에 있어. 이쪽에서 고것의 동그랗고 앙증맞은 꼬리를 자주 보지.

🐔 **닭** 내가 있는 이곳에서 오른쪽 대각선 위에 뱀이 있어. 거기와 같게 왼쪽 대각선 위에는 털이 폭신폭신해서 마치 솜사탕처럼 보이는 동물이 있어.

🐰 **토끼** 나는 닭이 방금 말한 동물이 있는 그쪽과는 좀 떨어져 있어. 대신 내 왼쪽에는 부리부리한 눈과 날카로운 이빨, 줄무늬를 지닌 이것이 있어. 이것은 산군이라고도 불리고 까치와 함께 있는 그림에도 자주 등장하지. 내 오른쪽에는 아무도 없어.

🐑 **양** 내 왼쪽에는 아무도 없어. 토끼가 말한 동물은 나와 멀리 떨어져서 저쪽에 있다고 할 수 있지. 하지만 내 뒷줄에는 날렵한 몸매에 긴 팔과 긴 꼬리를 가지고 재주를 잘 부리는 이것이 있어.

🐹 **말** 양이 말한 고것은 내 왼쪽 대각선 아래에 있어. 내가 있는 여기 바로 뒤에는 아침마다 잠을 깨우고 알을 내주는 착한 동물이 있지.

🐶 **개** 말이 말한 착한 그것의 오른쪽에 바로 내가 있어. 그리고 요기 내 오른쪽에는 통통한 몸매에 꼬불꼬불 말린 꼬리가 귀여운 동물이 있지.

🐮 **소** 내 앞줄에는 아무도 없어. 내 오른쪽 대각선 아래에는 미끌미끌한 몸에 긴 혀를 날름거리는 동물이 있어. 내 바로 뒷줄에는 갈기를 휘날리며 용맹하게 달리는 이것이 있지.

    조각을 모두 옮겼더니 방바닥이 열리고 2층으로 가는 봉이 나타났어요. 2층에서는 어떤 즐거운 모험이 펼쳐질까요? 봉을 양손으로 잘 잡고 슈웅 내려가 봐요.

⏸ **여기서 잠깐!**

십이지신을 배열하는 임무에서 나온 장소 지시 대명사를 모두 써 보세요.

_____

_____

▶ 정답은 97쪽에 있어요.

6장

놀이방에서 장소 지시 대명사 분류하기

봉을 타고 '착', 잘 내려왔나요?

2층은 놀이방입니다. 놀이방 이곳저곳에 장소 지시 대명사가 적힌 풍선이 걸려 있어요. 봉을 타고 어서어서 내려오세요.

착, 착, 착 소리를 내며 모두 도착했군요. 봉을 타고 내려오니 정말 신나지요? 자, 여기는 2층, 놀이방입니다.

트램펄린을 타고 방방 뛰어놀 수 있고 천장에 달린 줄을 타고 올라갈 수도 있어요. 나만의 작은 텐트 안에서 친구와 속닥속닥 대화도 할 수 있고 보드게임도 즐길 수 있답니다.

놀다 보면 놀이방 이곳저곳에서 장소 지시 대명사가 적힌 풍선을 발견할 수 있을 거예요. 장소 지시 대명사가 적힌 풍선을 모아서 장소 지시 대명사를 분류해야 다음 단계로 나아갈 수 있답니다.

모두 준비됐지요?

풍선을 모아 오세요.

풍선 가운데에 지시 대명사를 쓰세요.

풍선에 적힌 장소 지시 대명사를 나누어 보세요.

말하는 이에게 가까운 곳	듣는 이에게 가까운 곳	말하는 이와 듣는 이로부터 멀리 있는 곳

○ 정답은 98쪽에 있어요.

대단해요!
장소 지시 대명사를 명확하게 분류했네요.
바닥에 문이 생겼어요.
문에 새겨진 문구를 읽어 볼까요?

누구세요? 문을 찾은 당신은?
대저택 마지막 방 탈출, 누구든지 도전하세요!

오, 우리를 부르는데요.
마지막 방으로 들어갈까요?

⏸ 여기서 잠깐!

이곳, 그곳, 저곳을 빈칸에 알맞게 넣으세요.

언제나 내게 눈을 맞춰 주던 친구야, 네가 있는 (①)은 어때? 내가 있는 (②)은 시간이 참 천천히 흘러. 시간은 천천히 흐르지만 사람들은 너무 빨리 걷지. 속도를 맞추고 눈을 맞추려 아무리 노력해도 쉬운 일이 아니야. 그럴 때면 이렇게 밖으로 나와 고요히 빛나고 있는 별을 보곤 해.
아득한 (③)에 있는 먼 별을 너도 지금 보고 있을까?

⏸ 여기서 잠깐!

짧은 대화를 만들어 보며 지시 대명사를 익혀요. 장소 지시 대명사 '여기, 거기, 저기'를 사용해 짧은 대화를 만들어 보세요.

나: _____

친구: _____

나: _____

친구: _____

▶ 정답은 98쪽에 있어요.

상상력 높이기! 작가와 소통하기

안녕하세요, 저는 《국어나라 체언도시》 작가 진정입니다. 제가 이야기하는 '이곳', '그곳', '저곳'을 여러분이 그려 주세요.

이곳은 대명사마을이에요. 여러분이 생각하는 대명사마을을 그려 주세요.	
그곳은 어디인가요? 여러분이 이 책을 읽고 있는 공간을 그려 보세요.	
여러분과 저, 모두에게서 먼 '저곳'을 상상해 볼까요? 여러분이 가고 싶은 '저곳'을 그려 보세요. 저곳은 어떤 세상인가요?	

7장
부정칭, 미지칭 대명사를 구별하라

이곳은 대저택 탈출 마지막 방!

부정칭 대명사와 미지칭 대명사의 방입니다. 이 방을 탈출하려면 부정칭 대명사와 미지칭 대명사를 알아야 한답니다. 그럼, 부정칭 대명사와 미지칭 대명사가 무엇인지 먼저 알아봐요.

부정칭 대명사는 정해지지 아니한 사람, 물건, 방향, 장소 따위를 가리키는 대명사예요.

정해지지 않았기 때문에 특정한 것을 가리키지 않아요. 모든 사람, 모든 것을 가리키는 말이 될 수 있어요.

"**누구**든지 국어나라에서 영웅이 될 수 있어요."

이때 쓰인 '**누구**'는 특별하게 정해지지 않은 사람을 가리키지요? 바로 이 '누구'가 부정칭 대명사예요.

미지칭 대명사는 모르는 사물이나 사람을 가리키는 대명사예요.

특정한 것이지만 아직 그 존재가 무엇인지 모를 때 쓰는 말이에요. 모르는 번호로 전화가 왔네요. 우리는 "**누구**세요?" 하고 물어볼 거예요. 전화한 사람이 있지만 어떤 사람인지 모를 때 쓰는 '**누구**'가 바로 미지칭 대명사예요.

자, 이제 대저택에서 탈출하려면 부정칭 대명사와 미지칭 대명사를 구별해야 해요.

먼저, 인칭 대명사를 구별해 봐요.

방 안 여기저기에 명사마을 신수 랑이 님의 인형 4개가 있어요. 색이 모두 다르네요. 2개는 부정칭 인칭 대명사이고, 2개는 미지칭 인칭 대명사예요.

인형의 귀여운 배를 누르면 혀가 날름 나오고 문장이 쓰인 종이가 툭 떨어질 거예요.

문장을 잘 보고 부정칭 대명사와 미지칭 대명사를 구별해서 랑이 인형을 바구니에 나누어 담으세요.

① **누구**나 마음속에 작은 꿈을 품고 있다.

② 어제 멀리서 내 이름을 부르던 친구가 **누구**였더라?

③ **아무**도 걷지 않은 길을 간 사람이 새로운 길을 만든다.

④ 소리를 낸 사람이 **누구**인가?

　잘 찾았어요. 와! 벽에 문 모양이 나타났어요!
문을 열려면 열쇠가 필요해요. 열쇠가 있는 장소는 지시 대명사의 부정칭, 미지칭을 구별해야 알 수 있어요. 열쇠는 어디에 있을까요? 우리 함께 찾아봐요.

1단계 임무!

벽에 그려진 8개 사물 그림 옆에는 각각 문장이 있어요.

문장에는 부정칭 사물 지시 대명사 4개, 미지칭 사물 지시 대명사 4개가 있습니다.

문장에 쓰인 대명사가 부정칭인지 미지칭인지 구별해서 나누어 보세요.

쇠사슬

어디든지 떠나고 싶어.

모래시계

친구가 어디를 가려고 저렇게 빨리 뛰어가지?

드론

우리가 무엇을 생각하느냐가 우리가 무엇이 되느냐를 결정한다.

열쇠

무엇이든 물어보세요.

이불

세상은 무엇이나 배울 수 있는 교실이다.

가위

어디에나 있는 것이 아니야.

자전거

여기가 어디인지 모르겠어.

안경

무엇을 찾아?

위 문장에 쓰인 대명사가 부정칭인지 미지칭인지 구별을 하셨나요?

이제 2단계 임무입니다!

그림으로 그려진 사물의 이름을 아래 칸에 써넣으세요.

부정칭 대명사가 들어간 문장의 사물 이름	미지칭 대명사가 들어간 문장의 사물 이름

○ 정답은 98쪽에 있어요.

자, 목적지가 바로 앞이에요. 아자! 아자! 힘내세요.

3단계 임무입니다.

부정칭 대명사가 들어간 문장을 길이가 짧은 순서대로 나열하세요. 그리고 해당 문장의 사물 이름의 첫 글자를 아래에 쓰세요.

(①), (②), (③), (④)

미지칭 대명사가 들어간 문장을 길이가 긴 순서대로 나열하세요. 그리고 해당 문장의 사물 이름의 첫 글자를 아래에 쓰세요.

(⑤   ), (⑥   ), (⑦   ), (⑧   )

첫 글자들을 연결해서 쓰세요.

①	②	③	④
⑤	⑥	⑦	⑧

▶ 정답은 98쪽에 있어요.

오, 이제 열쇠가 어디에 있었는지 나왔네요.
  자, 여기 열쇠가 있습니다.
    탈출 성공!
    루미 님이 우리를 맞아 주네요. 루미 님, 반갑습니다.

루미: 여러분, 모두 대명사마을에서 즐거웠나요? 대명사마을이 여러분 덕분에 더 튼튼해졌어요. 다음 수사마을에서 폭신폭신 신수 양양이도 만나고 신나게 놀아 봐요.

⏸ 여기서 잠깐!

부정칭 대명사와 미지칭 대명사를 복습해 보세요.

부정칭 대명사의 뜻을 87쪽에서 찾아 쓰세요.

_____

부정칭 대명사 '아무', '어디', '무엇'이 들어가는 문장을 만들어 보세요.

아무: _____

어디: _____

무엇: _____

미지칭 대명사의 뜻을 88쪽에서 찾아 쓰세요.

_____

미지칭 대명사 '누구', '어디', '무엇'이 들어가는 문장을 만들어 보세요.

누구: _____

어디: _____

무엇: _____

◎ 정답은 98쪽에 있어요.

대명사마을 정답

- **58쪽**

    일인칭 대명사: 나, 내, 우리, 저희, 소인, 소자, 과인, 짐

    이인칭 대명사: 그대, 당신, 네, 님, 너, 자네, 너희, 여러분, 귀하

    삼인칭 대명사: 그, 이분, 그분, 그녀, 저분, 이이, 저희, 그이, 저이, 당신

    같은 글자인데 여러 인칭으로 쓰이는 대명사: 저희, 당신

- **59-61쪽**

    오른쪽 칠판: 저희

    왼쪽 칠판: 당신

    ① 저희   ③ 당신
    ② 저희   ④ 당신

- **61-62쪽 여기서 잠깐!**(답 예)

    ① 저희가 앞장서겠습니다.
    ② 저 아이들은 저희밖에 몰라요.
    ③ 당신을 사랑합니다.
    ④ 시골에 계신 할머니, 당신의 소원은 언제나 손주들의 행복이에요.

    한번 더 익히기(답 예)

    나는 너와 놀이공원에 가고 싶어. 너의 1학년 때 짝인 혜성이도 같이 가자. 그는 재미있는 친구니까 함께 놀면 좋을 거야. 너의 여자친구인 우주도 같이 가도 돼. 그녀도 재미있는 친구니까.

- 65쪽

- 68-67쪽

1. 나 2. 제 3. 과인 4. 귀하 5. 님 6. 짐 7. 너희
8. 자기 9. 저분 10. 이이 11. 여러분 12. 네

- 68쪽 **여기서 잠깐!**

① 산 ② 달리 ③ 달리 ④ 수빈
⑤ 산이와 달리 ⑥ 교장 선생님

- 75쪽 **여기서 잠깐!**

① 그것 ② 이것 ③ 저것

한번 더 익히기(답 예)

나: 이것을 새로 샀어. 바로 스티커야.

친구: 그것 참 예쁘다.

나: 저기 네 가방에 달린 인형은 뭐야?

친구: 저것은 내가 좋아하는 스타가 만든 인형이야.

- 78쪽

쥐	소	호랑이	토끼
양	말	뱀	용
원숭이	닭	개	돼지

- 80쪽 **여기서 잠깐!**

여기, 그곳, 거기, 저기, 요쪽, 요기
고쪽, 이쪽, 이곳, 그쪽, 저쪽

- **84쪽 여기서 잠깐!**

  말하는 이에게 가까운 곳: 여기, 요기, 이곳, 이쪽, 요쪽

  듣는 이에게 가까운 곳: 거기, 고기, 그곳, 그쪽, 고쪽

  말하는 이와 듣는 이로부터 멀리 있는 곳: 저기, 조기, 저곳, 저쪽, 조쪽

- **85쪽 여기서 잠깐!**

  ① 그곳 ② 이곳 ③ 저곳

  여기서 잠깐!(답 예)

  나: 여기에 좀 앉아 봐. 할 말이 있어.

  친구: 거기는 좀 더러운데. 네가 여기로 오는 게 어때?

  나: 그런데 거기는 사람들이 지나가는 곳이니까 저기로 가자.

  친구: 그래, 저기가 좋겠다.

- **89-90쪽**

  ① 부정칭 ② 미지칭 ③ 부정칭 ④ 미지칭

- **93쪽**

  부정칭 대명사: 열쇠, 쇠사슬, 가위, 이불

  미지칭 대명사: 드론, 모래시계, 자전거, 안경

- **93-94쪽**

  ① 열 ② 쇠 ③ 가 ④ 이
  ⑤ 드 ⑥ 모 ⑦ 자 ⑧ 안

- **95쪽 여기서 잠깐!**(답 예)

  부정칭 대명사 뜻

  정해지지 아니한 사람, 물건, 방향, 장소 따위를 가리키는 대명사

  아무: 아무나 할 수 있는 일이 아니야.

  어디: 어른이 되면 어디든지 갈 수 있어.

  무엇: 무엇이든 물어보세요.

  미지칭 대명사 뜻

  모르는 사물이나 사람을 가리키는 대명사

  누구: 도둑이 누구야?

  어디: 도둑이 어디로 도주했어?

  무엇: 도둑이 무엇을 훔쳤어?

1장

수사마을에서 균형 잡기

안녕하세요, 여러분. 수사마을 신수 양양이입니다.

명사마을과 대명사마을에서 신나는 모험을 즐기셨나요?

수사마을에서 여러분은 균형을 찾는 시간을 보낼 거예요.

수사마을로 들어가려면 계곡에서 배를 타야 해요.

보트가 보이지요?

이 배는 오른쪽, 왼쪽 연료통에 연료가 든 공을 넣어야 움직여요. 여기에 연료가 든 공이 있습니다.

배 오른쪽에는 고유어 양수사로 표시된 연료 공 다섯을 넣어야 하고, 왼쪽에는 한자어 양수사로 표시된 연료 공 다섯을 넣어야 해요.

양수사: 수량을 셀 때 쓰는 수사.
고유어 양수사: 하나, 둘, 셋 등 한자어 양수사: 일, 이, 삼 등

필요한 연료량은 203리터(ℓ)예요.

203ℓ를 만드는 연료 공 5개를 각각 연료통에 넣으세요.

고유어 양수사 연료 공

여덟	스물둘	쉰여덟
서른다섯	열하나	일흔일곱
예순여섯	아흔넷	여든셋

(**여덟**), (**서른다섯**), (   ), (   ), (   )

◐ 정답은 112쪽에 있어요.

한자어 양수사 연료 공

이십오	일	사십칠
구십삼	칠십육	팔십이
삼십일	오십사	육십팔

(**이십오**), (**일**), (   ), (   ), (   )

◐ 정답은 112쪽에 있어요.

연료량을 똑같이 잘 넣었어요!
이제 보트를 타고 수사마을로 가서 맛있는 점심을 먹어요.

2장

순서에 맞게 내 밥을 만들자

오늘 점심은 우리 스스로 만들어 먹을 거예요.

오늘의 음식은 바로, 바로, 바로 맛있는 김밥이에요.

김밥을 만드는 조리법이 아래 쓰여 있어요. 하지만 조리 순서가 엉망이네요. 밥은 이미 참기름과 소금을 넣어 잘 준비되어 있어요.

이 밖의 조리 순서를 알맞은 고유어 서수사 칸에 옮겨 적어 주세요.

서수사: 순서를 나타내는 수사.
고유어 서수사: 첫째, 둘째, 셋째 등 한자어 서수사: 제일, 제이, 제삼 등

- 오이, 당근, 단무지, 계란지단을 채 썰어 준비한다.

- 손으로 김밥 끝부분을 맞추고 단단하게 만다.

- 김 위에 밥을 얇고 고르게 펼친다.

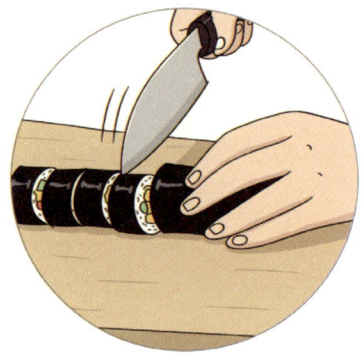

- 김밥을 도마 위에 놓고 칼로 먹기 좋은 크기로 썬다.

- 밥 위에 준비된 오이, 당근, 계란지단, 단무지를 올린다.

- 계란을 기름 두른 판에 얇게 부어 지단을 만든다.

고유어 서수사에 맞게 배열하기

첫째, _____

둘째, _____

셋째, _____

넷째, _____

다섯째, _____

여섯째, _____

맛있는 김밥이 완성되었네요. 이제 마구마구 먹기!

● 정답은 112쪽에 있어요.

 하나 더 알기!

열째 이후 순서를 나타내는 말은 무엇일까요?
열째 다음에 바로 나오는 서수사는 열한째입니다.
열한째 다음에 나오는, 순서가 열두 번째가 되는 차례를 나타내는 서수사는 '열둘째'일까요? '열두째'일까요?

표준어 규정에 따라 '열두째'가 맞습니다. '스물두째', '서른두째' 이렇게 이어 가지요.

그럼, 열두째 다음에 나오는 서수사는 무엇일까요?

'열세째'는 틀리고 '열셋째'가 맞습니다. 열셋째 이후는 일의 단위에서의 표기를 따릅니다.

정리해 볼까요?

'열한째, 열두째, 열셋째, 열넷째, 열다섯째' 이렇게 써야 합니다.

친구들, 김밥을 맛있게 먹었나요?

밥을 먹었으니 즐거운 그림 그리기 놀이를 해 봐요.

<u>한자어 서수사가 사용된 문장에 따라 자화상을 그려 보세요.</u>

자화상 그리는 순서

- 제일, 거울이나 자신의 사진을 준비합니다.
- 제이, 자신의 얼굴을 자세히 관찰합니다.
- 제삼, 얼굴을 타원형으로 그리고 중심선을 표시합니다.
- 제사, 눈, 코, 입의 위치를 대략적으로 표시합니다.
- 제오, 머리카락, 귀, 목 등 다른 부분을 추가합니다.
- 제육, 눈, 코, 입 등 얼굴 요소의 세부 사항을 그립니다.
- 제칠, 그림자와 명암을 추가해 입체감을 표현합니다.

사랑스러운 내 얼굴

하나 더 알기!

수사와 헷갈리지 마세요.

수사는 아니지만 수나 양을 나타내는 말이 있어요. 그래서 수사라고 많이 오해하지요. 바로 '수 관형사'예요.

수사는 혼자서 쓰이지만 수 관형사는 단위를 나타내는 말과 꼭 함께 와요.

'하나에 하나를 더하면 둘'에서 '하나, 둘'은 수사지만 '한 개에 한 개를 더하면 두 개'에서 '한, 두'는 '개'라고 하는 단위 명사와 함께 와야 하는 '수 관형사'이지요.

선생님이 글을 쓰고 있는 지금 시간은 열두 시 십육 분이에요.

시간을 나타내는 '시', '분'이라는 말이 꼭 같이 오니 '열두'와 '십육'은 수 관형사예요.

여러분이 책을 읽고 있는 지금 시간을 수 관형사를 이용해 말해 볼까요?

(　　) 시 (　　　) 분

여러분의 국어 점수를 별로 나타내면 몇 개인가요? 수 관형사를 쓰세요.

☆별 다섯 개가 만점이에요. 자신의 점수를 색칠하고 말해 보세요.

☆ ☆ ☆ ☆ ☆

내 국어 점수는 별이 (　　) 개!

여러분은 피자 몇 조각을 먹을 수 있나요? 수 관형사를 써 보세요.

(　　) 조각

이처럼 시, 분과 같은 시간을 나타내는 명사나 개, 조각과 같은 단위를 나타내는 명사 앞에서 수나 양을 나타내는 말이 수 관형사예요.

정리해 볼까요?
- 수 관형사는 숫자를 붙여서 명사를 꾸며 주는 말이에요.
- '한 개', '두 명', '세 마리'처럼 **숫자+단위**로 나타나요.

수 관형사는 명사가 얼마나 있는지 알려 주는 숫자 마법사라고 생각하면 돼요!

 **한 걸음 더!**

◈ **수사와 수 관형사를 구별해 봐요.**

어느 날, 수사 요정과 수 관형사 요정이 사탕 가게에 갔어요. 가게 주인이 물었어요.

"몇 개 살 거예요?"

수사 요정은 "**다섯**이요!" 하고 말했어요. 이건 수사! 숫자만 말했어요.

수 관형사 요정은 "**다섯** 개요!" 하고 말했어요. 이건 수 관형사! 숫자로 '개'라는 명사를 꾸며 줬어요.

빵집 앞에서 동물 친구들이 줄을 섰는데, 호랑이가 말했어요.

"원숭이가 **셋**이 있어!"

이건 수사! 숫자만 말했죠.

그때 또 토끼가 말했어요.

"원숭이가 **세** 마리가 있어!"

이건 수 관형사! 숫자로 '마리'라는 명사를 꾸며 줬어요.

수사는 단위를 나타내는 명사 없이 쓰여요.

수 관형사는 단위를 나타내는 명사 앞에 쓰여요.

◆ **문제를 풀며 확실하게 알아봐요.**

진하게 표시된 말이 수사면 '수', 수 관형사면 '관'을 쓰세요.

1. 인형 뽑기 기계에서 인형 **하나**를 뽑았어요. ☐
2. 생일 파티에서 케이크 **두** 조각을 먹었어요. ☐
3. 우산 **셋**이 나란히 걸어갑니다. ☐
4. 딸기우유를 **세** 잔이나 마셨어요. ☐
5. 친구 **네** 명과 놀이공원에 갔어요. ☐
6. 자, **셋**을 세면 흩어지는 거야. 하나, 둘, 셋! ☐
7. 고등어 **한** 손은 몇 마리일까? ☐
8. 술래는 **백**을 셀 때까지 눈을 뜨면 안 돼. ☐
9. 저희에게는 아직 배 **열두** 척이 남아 있사옵니다. ☐
10. 나무를 **만** 그루는 심어야 공기가 정화될 거야. ☐

◯ 정답은 112쪽에 있어요.

수사마을 정답

• **102쪽**

　고유어 양수사: 열하나, 예순여섯, 여든셋

　한자어 양수사: 사십칠, 오십사, 칠십육

• **105쪽**

　첫째: 계란을 기름 두른 판에 얇게 부어 지단을 만든다.

　둘째: 오이, 당근, 단무지, 계란지단을 채 썰어 준비한다.

　셋째: 김 위에 밥을 얇고 고르게 펼친다.

　넷째: 밥 위에 준비된 오이, 당근, 계란, 단무지를 올린다.

　다섯째: 손으로 김밥 끝 부분을 맞추고 단단하게 만다.

　여섯째: 김밥을 도마 위에 놓고 칼로 먹기 좋은 크기로 썬다.

• **108-109쪽**(답 예)

　열두 십육

　다섯

　네

• **111쪽**

　1. 수 2. 관 3. 수 4. 관 5. 관

　6. 수 7. 관 8. 수 9. 관 10. 관

국어나라 체언도시
익 힘 책

초판 인쇄 2025년 12월 1일
초판 발행 2025년 12월 10일

지은이 진정
그린이 박종호
펴낸이 정은영
편집 신연수
디자인 DesignPark
마케팅 정원식, 정은숙

펴낸곳 주니어마리
출판등록 제2019-000293호
주소 (10542) 경기도 고양시 덕양구 청초로10 GL메트로시티 A2-1001
전화 02)336-0729, 0730
팩스 070)7610-2870
홈페이지 www.maribooks.com
이메일 mari@maribooks.com
인쇄 ㈜신우인쇄

ISBN 979-11-94743-20-2 (74810)
　　　979-11-985556-9-4 (세트)

• 이 책은 주니어마리가 저작권자와의 계약에 따라 발행한 것이므로
  본사의 허락 없이는 어떠한 형태나 수단으로도 이용하지 못합니다.
• 잘못된 책은 바꿔 드립니다.
• 가격은 뒤표지에 있습니다.